우주 토끼의
뱅뱅 도는
지구 여행

글 오주영

글쓰기와 책 읽기를 너무너무 사랑하는 글쟁이입니다.
제13회 창비 좋은어린이책 공모전에서 대상을 수상하고
제10회 푸른문학상 아동·청소년 평론 부문에서 신인상을 수상했습니다.
쓴 책으로는 『이상한 열쇠고리』, 『한입 꿀떡 요술떡』, 『거인이 제일 좋아하는 맛』,
『수학왕 바코』, 『다람쥐 무이의 봄』 등이 있습니다.

그림 김일경

어린이를 위한 그림책 작업을 비롯해 다양한 분야에서 일러스트 작업을 하고 있습니다.
『Big and Little』, 『응가 말놀이』, 『대결, 괴도 설탕과 돋보기 탐정』,
『어느 날, 헌법이 말했습니다』와 어린이 교양지 『고래가 그랬어』 등에 그림을 그렸습니다.
디자인 스튜디오 〈겨울엔 토스트가 좋아-LIMPA LIMPA〉를 공동 운영하고 있으며,
www.limpalimpa.com에서 더 많은 그림과 작품을 만날 수 있답니다.

감수 정관영

서울대학교에서 화학 및 화학교육을 전공하고 동대학원에서 석사 학위를,
미국 퍼듀 대학교에서 이학 박사 학위를 받았습니다.
고등학교 화학Ⅰ·화학Ⅱ 교과서를 집필했으며, 현재 서울과학고등학교 화학 교사로 재직 중입니다.
지은 책으로는 『탄소는 억울해!』, 『원리를 찾아라, 생활 속 분자』가 있습니다.

오토는 우주 여행자예요.
우주선 절구호를 타고 태양계를 돌고 있지요.
화성의 붉은 사막을 탐험했고,
목성의 폭풍우 속을 누비기도 했어요.
이번엔 지구로 가고 있답니다.
꽈꽝! 무언가 날아와 절구호에 부딪혔어요.

절구호가 비틀비틀 달에 착륙했어요.
오토가 밖으로 나와 절구호를 살펴보았지요.
"수리하려면 망치가 필요한데……."
오토는 주변을 둘러보다, 달에 착륙해 있는
우주선을 발견하고는 달려갔어요.
"저기에서 망치를 빌려야지."

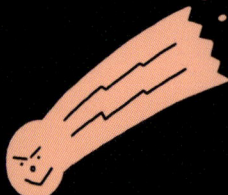

"어? 아무도 없네."

우주선 안은 조용했어요.

아무래도 사람이 타지 않은 무인 탐사선인가 봐요.

그때 갑자기 문이 닫히더니

탐사선이 지구를 향해 날아올랐어요.

"안 돼. 내 절구호가 여기에 있다고!"

태양계는 어떤 곳일까요?

태양계는 태양을 중심으로 한 천체의 무리를 말해요. 태양과 그 주변을 돌고 있는 행성, 위성, 소행성, 혜성 등으로 이루어져 있어요.

태양계를 찾아서

태양은 스스로 빛을 내는 항성이에요. 마치 엄마처럼 태양계의 모든 천체에 빛과 열을 나눠 주고 있지요. 지구에 생명이 살 수 있는 것 또한 태양으로부터 온 빛과 열 덕분이에요. 태양의 무게는 태양계의 약 99%를 차지하고, 태양의 지름은 지구의 약 109배나 돼요. 천체가 태양 둘레를 되풀이해 도는 것을 '공전'이라 하고, 이렇게 공전하며 태양 빛을 받아 반사하는 천체를 '행성'이라고 해요. 태양계에 속한 8개의 행성을 알아볼까요?

태양과 가장 가까운 수성
수성은 태양과 가장 가까이 있으면서 가장 작은 행성이에요. 낮에는 400℃로 뜨겁게 끓고, 밤에는 영하 200℃로 꽁꽁 얼어붙어요.

지글지글 뜨거운 금성
지구에서 가장 가까운 행성이에요. '샛별'이라고도 해요. 이곳의 기압은 지구의 90배쯤 되어서 사람을 납작하게 만들 수 있어요. 표면 온도는 약 500℃에 이를 정도로 매우 뜨거워요.

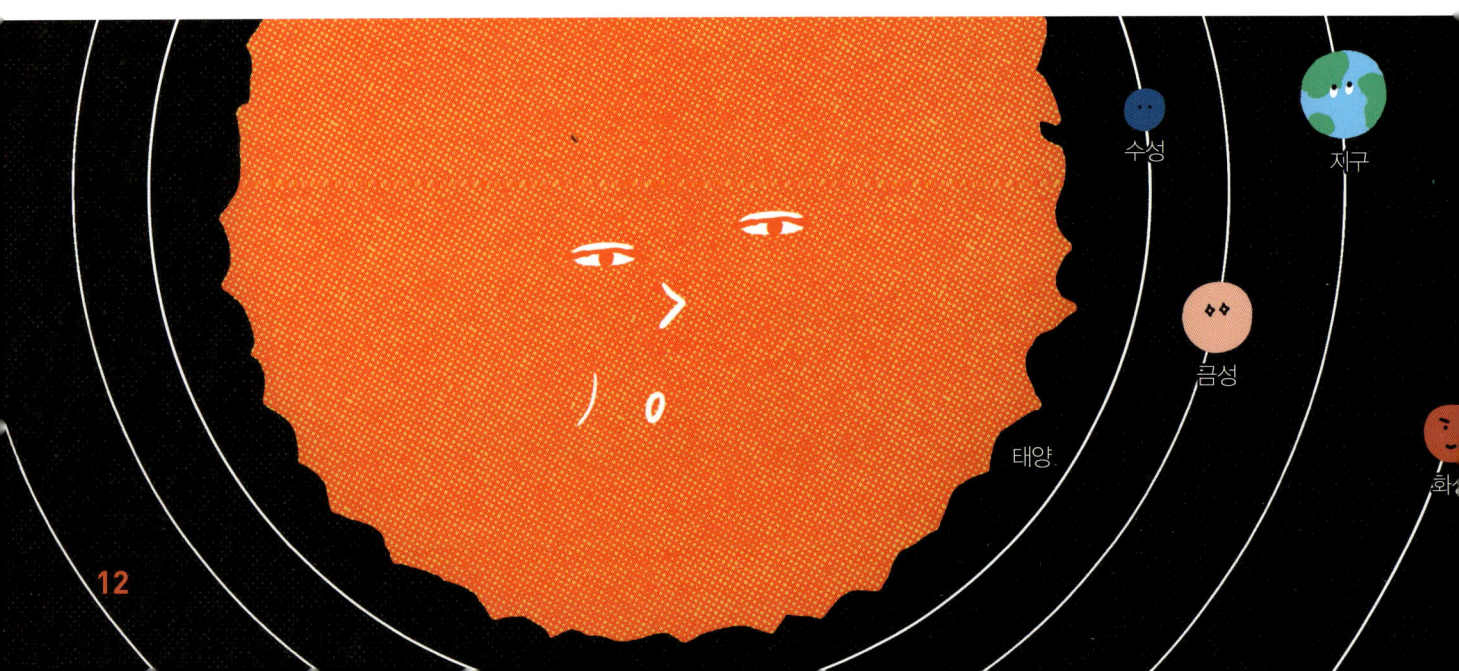

생명이 살고 있는 지구

지금까지 알려진 행성 중에서 생명이 살아가고 있는 유일한 행성이에요. 지구를 둘러싸고 있는 대기는 생물이 살 수 있는 환경을 만들어 줘요.

붉은 화성

크기가 지구의 반 정도밖에 안 되지만 지구와 환경이 가장 비슷한 행성이에요. 높은 산도 있고, 물이 흘렀던 흔적도 있어요. 화성은 모래와 암석 등으로 덮여 있는데, 그 안에 산화 철이 많이 들어 있어서 색깔이 붉어요.

거대한 목성

태양계에서 가장 큰 행성으로, 크기가 지구의 11배쯤 돼요. 목성은 짙은 대기로 덮여 있고, 그 안에서 거센 소용돌이가 일어나고 있지요. 목성은 무려 60개가 넘는 위성을 거느리고 있어요. 위성은 행성의 둘레를 도는 작은 천체예요.

예쁜 고리를 가진 토성

토성은 자전 속도가 지구보다 2배 정도 빨라서, 약 11시간 만에 한 바퀴를 돌아요. 토성의 가장 큰 매력은 고리예요. 이 고리는 먼지와 얼음, 암석 조각 등으로 이루어져 있지요.

오들오들 추운 천왕성

크기가 지구의 4배쯤 되는 천왕성이 태양 둘레를 한 바퀴 도는 데 걸리는 시간은 약 84년이에요. 표면 온도는 약 영하 200℃에 이르지요.

가장 멀리 떨어진 해왕성

천왕성과 비슷한 크기로 태양 둘레를 한 바퀴 도는 데 약 164년이 걸려요. 표면 온도는 약 영하 200℃예요.

수많은 소행성

태양계에는 태양 둘레를 도는 수많은 소행성이 있어요. 매년 수천 개의 새로운 소행성이 발견되고 있지요. 1930년에 발견돼 70년 넘게 태양계의 아홉 번째 행성으로 알려졌던 명왕성은 2006년에 그 지위를 잃었어요. 이름 또한 '소행성 134340'으로 바뀌었지요.

긴 꼬리를 가진 혜성

혜성은 긴 타원이나 포물선 궤도*를 그리면서 태양 둘레를 도는 천체예요. 혜성의 머리는 먼지와 얼음으로 되어 있는데, 태양 가까이 가면 얼음이 기체로 변하며 긴 꼬리를 만들지요.

----
*궤도 행성이나 혜성, 인공위성 등이 다른 천체의 둘레를 도는 정해진 길이에요.

지구에 대해 알아봐요

우리가 살고 있는 지구는 태양 둘레를 도는 8개의 행성 가운데 하나예요. 지구의 안쪽에는 무엇이 있을까요? 지구의 바깥쪽을 감싸고 있는 건 무엇일까요?

지구의 안쪽에는?

지구의 안쪽은 내핵, 외핵, 맨틀, 지각 등 여러 개의 층으로 나누어져 있어요.

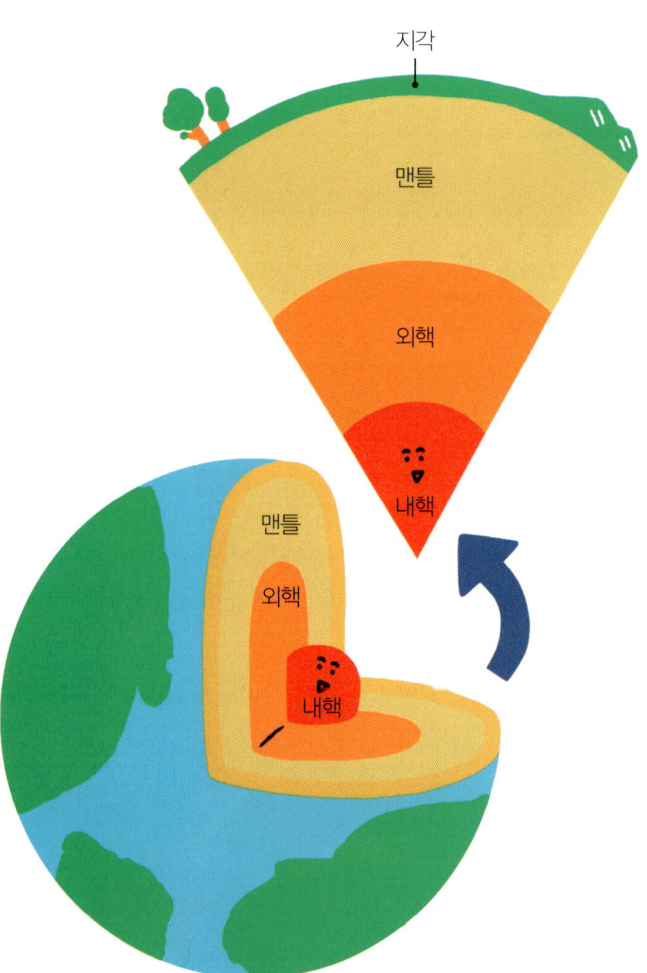

지구의 껍데기, 지각

지구 표면에는 암석으로 이루어진 지각이 있는데, 마치 딱딱한 껍데기와 같아요. 바다 밑 해양 지각의 평균 두께는 약 5㎞, 육지를 이루는 대륙 지각의 평균 두께는 약 35㎞예요.

움직이는 맨틀

맨틀은 지각을 떠받치고 있어요. 고체 상태인데도 지각과 달리 움직일 수 있어서 오랜 세월에 걸쳐 서서히 대류*가 일어나요. 지각 아래로부터 깊이 약 2,900㎞까지가 맨틀이에요.

출렁이는 외핵

깊이 약 2,900㎞에서부터 약 5,100㎞까지는 외핵이에요. 두께가 약 2,200㎞나 되지요. 철과 니켈 등으로 이루어져 있고, 액체 상태로 추정돼요.

딱딱하고 뜨거운 내핵

지구의 중심부에는 내핵이 있어요. 철을 주성분으로 한 내핵의 온도는 약 6,500℃에 이르지요. 높은 온도에도 고체 상태를 유지하고 있는 건, 어마어마하게 높은 압력을 받고 있기 때문이에요.

----
*대류 기체나 액체가 열을 받아 온도가 높아지면 위로 올라가고, 온도가 낮아지면 아래로 내려오는 움직임을 되풀이하는 현상을 말해요.

지구의 바깥쪽에는?

지구는 대기에 둘러싸여 있어요. 이런 대기의 층을 '대기권'이라고 불러요. 대기권은 태양으로부터 나오는 해로운 광선과 우주에서 날아오는 유성(별똥)을 막아 주고, 지구 생명체가 살아가는 데 꼭 필요한 태양의 빛과 열을 흡수하지요.

오로라가 나타나는 열권
높이 80㎞ 이상에 위치하며, 높을수록 기온이 올라가는 층이에요. 열권에서는 오로라가 나타나요. 오로라는 태양에서 날아온 전기를 띤 작은 알갱이가 대기와 부딪혀 빛을 내는 현상이에요.

유성체를 태우는 중간권
높이 약 48㎞에서 80㎞까지의 층으로, 수증기가 거의 없어 기상 현상이 일어나지 않아요. 높이 올라갈수록 기온이 내려가지요. 우주에서 쏟아지는 암석 조각, 유성은 대부분 이곳에서 불타 없어져요.

해로운 자외선을 흡수하는 성층권
높이 약 11㎞에서 50㎞까지의 층으로, 높을수록 기온이 올라가는 층이에요. 성층권은 오존층을 포함하고 있어요. 오존층은 태양의 해로운 자외선을 흡수해 주지요.

산소가 풍부한 대류권
대기권의 가장 아래 있는 층으로, 지표에서 가까워요. 산소가 풍부하며 대류 현상이 일어나 기상 변화가 생겨요. 높이 올라갈수록 기온이 내려가 추워져요.

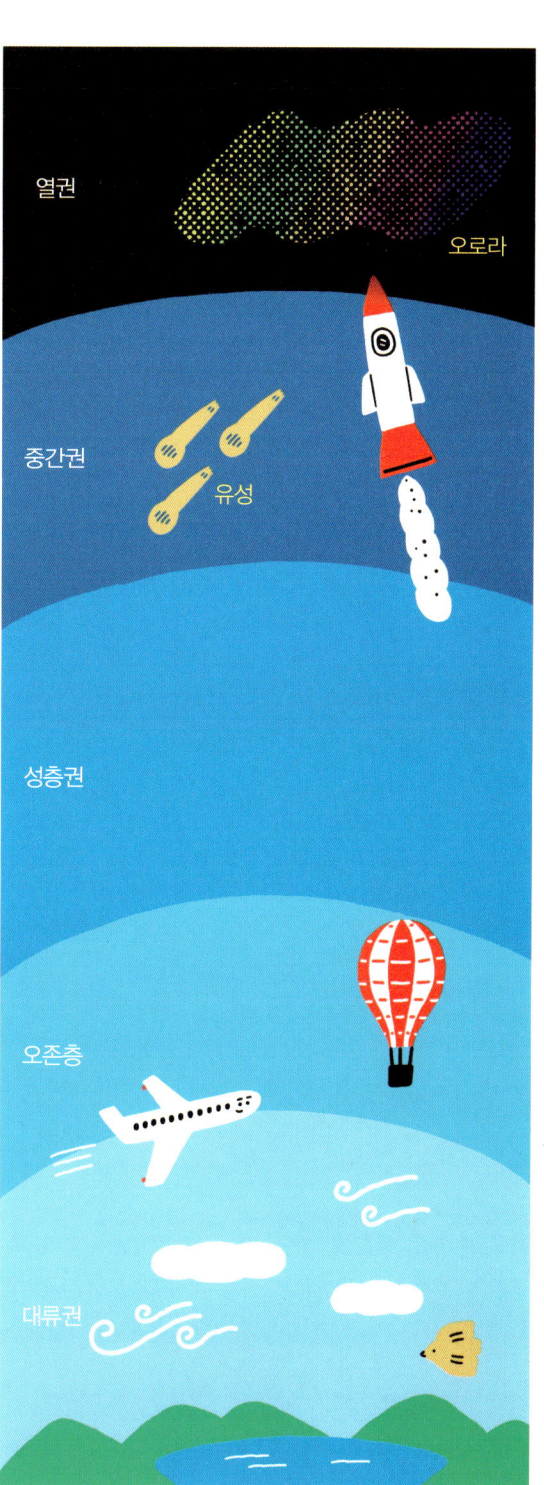

"달님, 소원을 들어주세요."
훈이가 소원을 빌고 있는데
누군가 훈이에게 말을 걸었어요.
"얘, 여기가 지구니?"
헉! 달 속에 있어야 할 토끼가, 눈앞에서 말을 하다니!
훈이는 깜짝 놀랐어요.

"내 이름은 오토, 우주 여행자야."
오토는 절구호를 타고 태양계를 여행하다
사고를 당해 지구에 왔대요.
절구호를 고치려면 망치가 필요하다며, 울먹울먹했어요.
"우리 집에 올래? 우리 집에 망치가 있어."
훈이의 말에 오토의 두 귀가 쫑긋해졌어요.

다음 날, 밝은 햇살에 오토가 눈을 비볐어요.
"우아, 환하고 따뜻해.
잠들기 전에는 깜깜하고 서늘했는데. 어떻게 된 거지?"
오토가 깜짝 놀랐어요.
"아침이니까 그렇지.
아침엔 해가 뜨고 저녁엔 해가 지잖아."
훈이가 말했어요.
"내 고향 토토 행성에선 해가 뜨고 지는 데
시간이 오래 걸리는데. 지구는 좋은 곳이구나!
지구에 대해 더 많이 알고 싶어.
훈이야, 우리 지구 여행을 떠나자!"

"이게 무슨 지구 여행이야? 동네 구경이지."

훈이가 투덜대며 자전거를 세웠어요.

"여기가 바로 지구니까, 어딜 가나 지구 여행이지."

그때, 얼마 전 훈이네 반으로 전학 온 소망이가 다가왔어요.

"토끼 인형 네 거니? 예쁘다!"

"난 인형이 아니야. 우주 여행자 오토라고."

소망이가 놀라는 바람에 훈이의 자전거가 기우뚱거렸어요.

"마, 말을 하네?"

훈이는 쩔쩔매며 소망이에게 오토에 대해 이야기해 주었어요.

"태양이 내 머리 위까지 왔어!
아침에는 분명 동쪽 하늘에 있었는데. 신기해!"
오토가 하늘을 올려다보며 말했어요.
"지구가 서쪽에서 동쪽으로 돌기 때문에
태양은 동쪽에서 서쪽으로 이동하듯 보이는 거야."
과학자가 꿈인 소망이는 아는 게 많았어요.
훈이의 입꼬리가 올라갔어요.
훈이는 소망이와 친해지고 싶었어요.

지구의 자전이 궁금해요!

지구는 항상 움직이고 있어요. 지구가 자전축을 중심으로 24시간마다 한 바퀴 도는 것을 '자전'이라고 해요. 그 때문에 태양이 매일 동쪽에서 떠 서쪽으로 지고, 낮과 밤이 생기는 거예요.

낮과 밤은 왜 생길까?

지구가 자전할 때 태양을 향하는 쪽은 낮이 되고, 태양 빛을 받지 못하는 반대쪽은 밤이 돼요. 이렇게 하루 동안 낮과 밤이 생기지요.

만약 지구가 자전하지 않는다면 어떨까요? 태양 빛을 받는 쪽은 늘 환하고, 태양 빛을 못 받는 쪽은 늘 어두울 거예요. 하지만 다행히도 지구는 매일 서쪽에서 동쪽으로 빙글빙글 돌고 있어요. 자전을 하고 있는 거지요. 그래서 태양이 동쪽에서 떠 서쪽으로 지는 것처럼 보이는 거예요.

밤이 되어도 해가 지지 않는 곳이 있어요. 지구의 자전축의 양 끝인 북극 지방과 남극 지방이 그렇답니다. 태양 빛을 받을 때는 밤 시간에도 낮처럼 밝은 '백야'가 되고, 반대로 태양 빛을 받지 못할 때는 낮 시간에도 밤이 계속되는 '극야'가 나타나지요. 이런 현상은 짧게는 며칠, 길게는 몇 달 동안 이어져요.

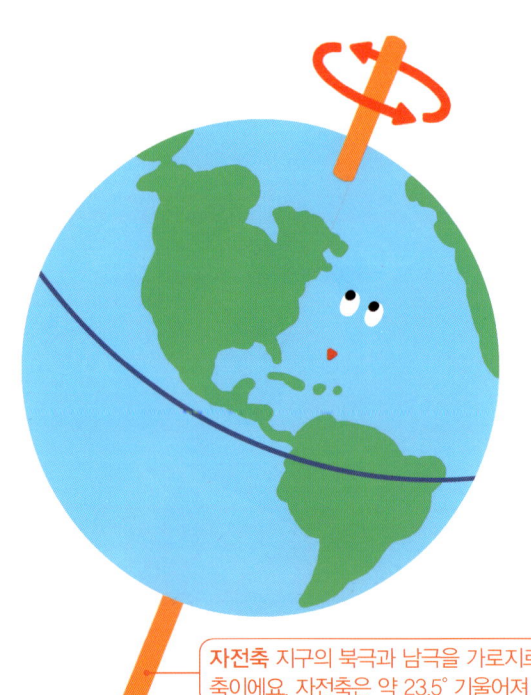

자전축 지구의 북극과 남극을 가로지르는 보이지 않는 축이에요. 자전축은 약 23.5° 기울어져 있어요.

지구가 움직이는 걸 왜 못 느낄까?

지구는 엄청난 속도로 자전하고 있어요. 얼마나 빠르냐고요? 지구의 적도 지역을 기준으로 시속 1,670㎞ 정도로 돌고 있지요. 이처럼 지구는 상상도 못 할 만큼 빠르게 도는데, 사람들은 왜 지구가 도는 걸 느끼지 못 할까요? 그건 지구 위의 모든 물체가 지구와 같은 속도로 돌고 있기 때문이에요. 우리가 고층 엘리베이터를 타고 있을 때 중간 구간에서는 속도를 느끼지 못 하는 것처럼 말이에요.

실험으로 알아봐요!

지구가 자전을 하기 때문에 낮과 밤이 생기는 것을 간단한 실험으로 확인할 수 있어요.

실험 하나

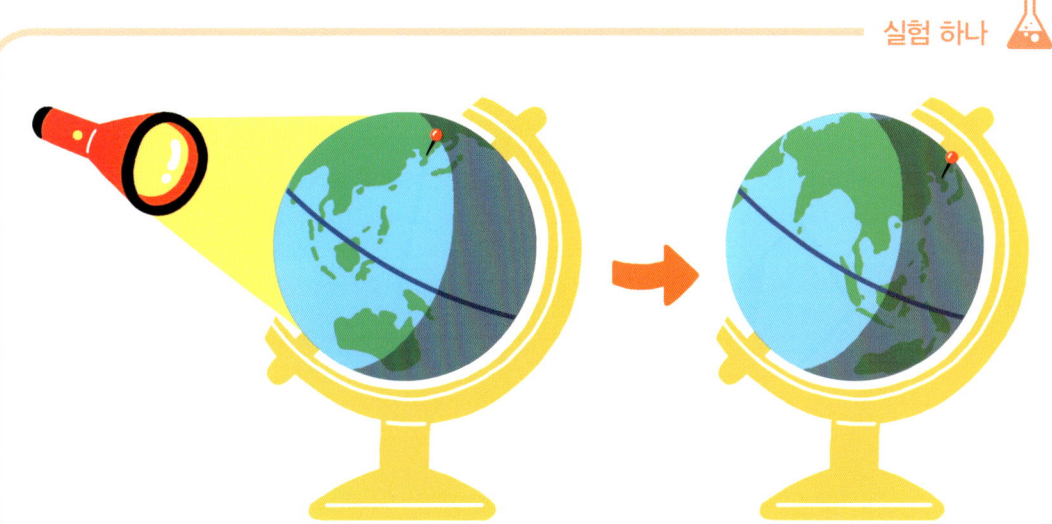

손전등과 지구본을 적당한 거리에 둬요. 지구본에서 우리나라를 찾아 손전등으로 비춰요. 밝은 우리나라는 낮이고, 지구본의 반대편 어두운 부분은 밤이에요.

그 뒤 지구가 자전하듯 서쪽에서 동쪽 방향으로 지구본을 천천히 돌려요. 그러면 우리나라가 있는 곳은 점점 어두워지며 밤이 찾아올 거예요.

지구가 자전하지 않고 멈춰 있다면 낮과 밤이 번갈아 생길 수 없겠지요.

또 어떤 현상이 일어날까요?

지구가 자전축을 중심으로 하루에 한 바퀴 돌면서 낮과 밤이 생겨요. 자전으로 생기는 현상은 또 뭐가 있을까요?

하늘의 별이 돈다고?

지구에서 볼 때 별들은 지구 자전의 반대 방향인 동쪽에서 서쪽으로 움직여요. 태양도 동쪽에서 서쪽으로 움직이고, 달도 동쪽에서 서쪽으로 움직이지요. 지구의 자전으로 인해 태양, 달, 별 등의 천체가 동쪽에서 서쪽으로 도는 것을 '일주 운동'이라고 해요. 사실은 천체가 움직이는 게 아니라, 지구가 자전해서 움직이는 것처럼 보일 뿐이지요.

Tip. 밤하늘의 길잡이, 북극성

북극 가까이 있는 북극성은 자전축 위에 있기 때문에 위치가 거의 변하지 않아요. 그 때문에 예로부터 사람들은 북극성을 방향을 찾는 길잡이로 삼아 왔지요.

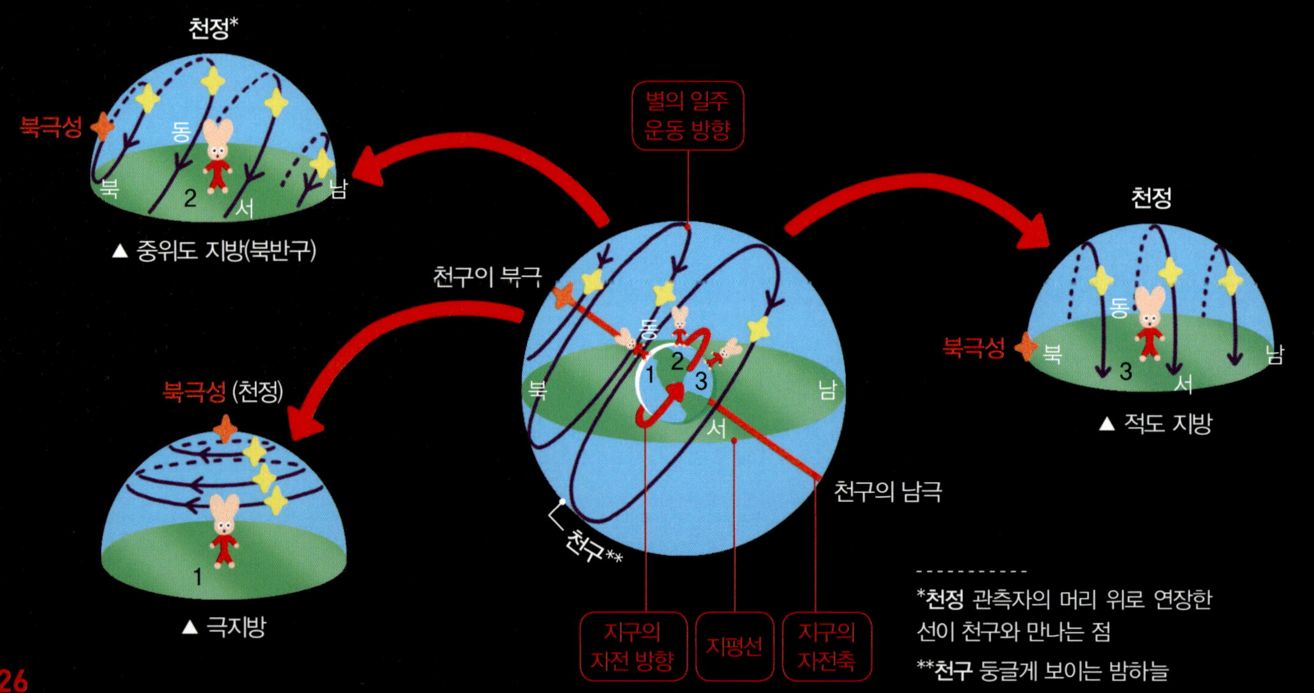

▲ 중위도 지방(북반구)

▲ 극지방

▲ 적도 지방

별의 일주 운동 방향

천구의 북극

천구의 남극

천구**

지구의 자전 방향 | 지평선 | 지구의 자전축

*천정 관측자의 머리 위로 연장한 선이 천구와 만나는 점
**천구 둥글게 보이는 밤하늘

물체의 움직이는 방향이 휘어진다고?

북극에서 적도를 향해 물체를 발사하면 어떻게 될까요? 만약 지구가 정지해 있다면 이 물체는 똑바로 날아갈 거예요. 하지만 실제로는 지구가 서쪽에서 동쪽으로 자전하고 있어서 목표 지점보다 서쪽으로 향하게 되지요. 이렇게 회전하는 곳에서 봤을 때 물체의 움직이는 방향이 휘어 보이는 것을 '코리올리 효과'라고 해요.

코리올리 효과로 인해 북반구의 경우 운동하는 물체가 오른쪽으로, 남반구의 경우 왼쪽으로 휘어 떨어져요.

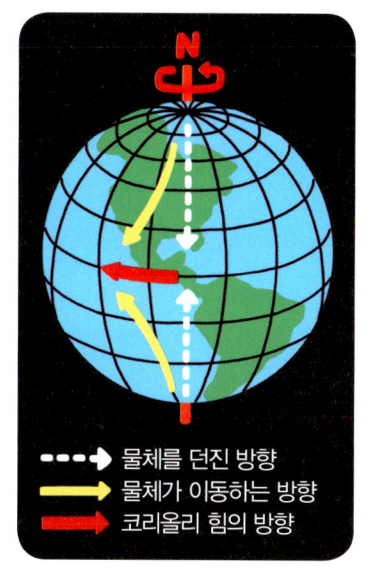

실험으로 알아봐요!

프랑스의 물리학자 푸코(1819~1868)는 지구의 자전을 증명하기 위해 신전 천장에 진자*를 매달아 실험을 했어요. 제자리에서 좌우로 왔다 갔다 했어야 할 진자는 시간이 지나자 서서히 회전했어요. 지구가 자전하고 있어서 진자가 회전하듯 보인 것이지요.

*진자 줄 끝에 추를 매달아 좌우로 왔다 갔다 하게 만든 물체예요.

실험 둘

준비물: 빨대 6개, 클립 12개, 고무찰흙, 실, 지도

빨대의 양쪽 끝에 클립을 끼운 뒤 연결해 정사면체를 만들어요. 고무찰흙과 실로 진자를 만들어 정사면체의 꼭대기에 매달아요. 진자가 지도 중심에 오도록 고정한 뒤 흔들어 보아요. 지도를 지구 자전 방향인 서쪽에서 동쪽으로 돌리며 진자가 어떻게 움직이는지 관찰해요.

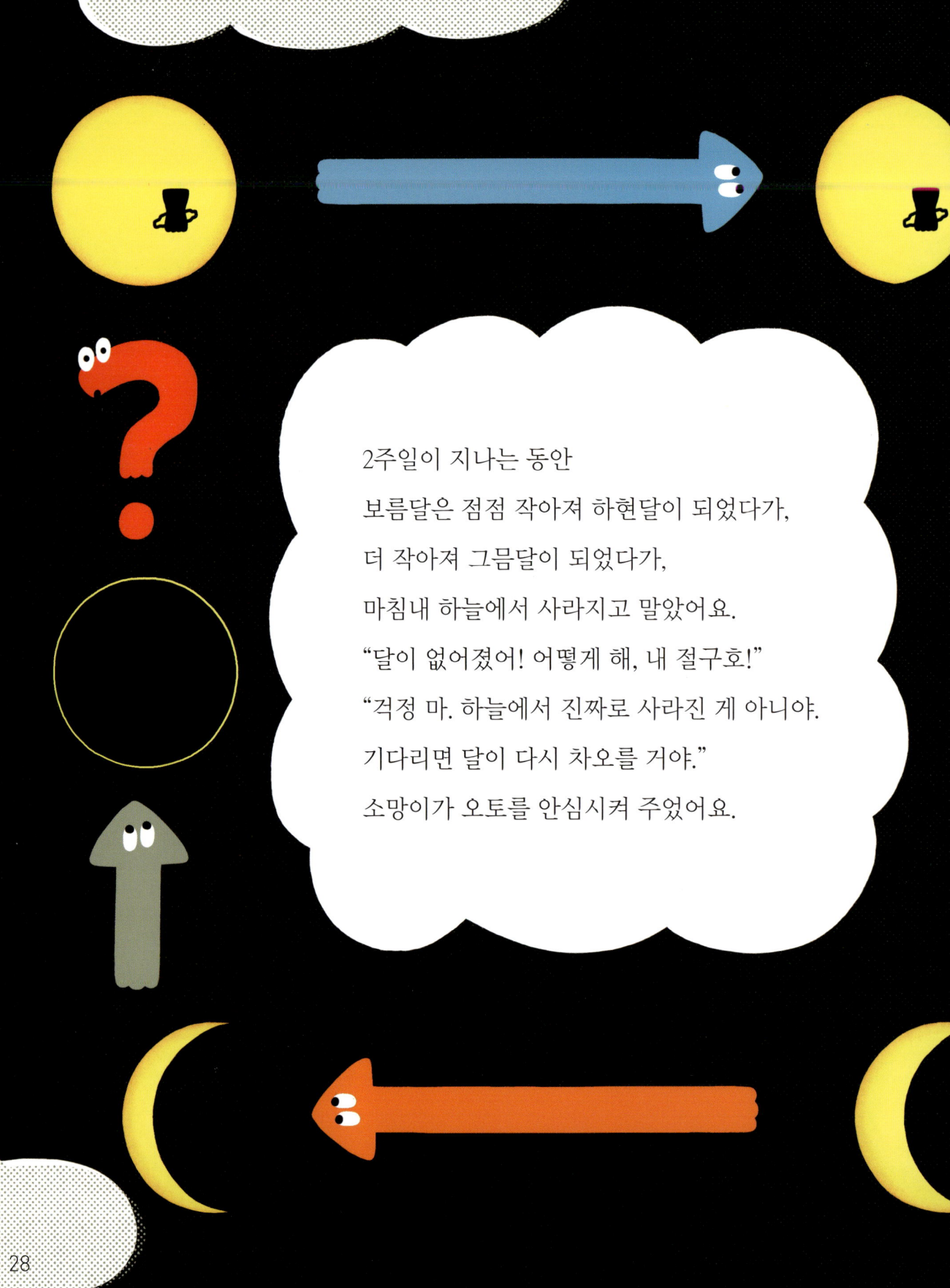

2주일이 지나는 동안
보름달은 점점 작아져 하현달이 되었다가,
더 작아져 그믐달이 되었다가,
마침내 하늘에서 사라지고 말았어요.
"달이 없어졌어! 어떻게 해, 내 절구호!"
"걱정 마. 하늘에서 진짜로 사라진 게 아니야.
기다리면 달이 다시 차오를 거야."
소망이가 오토를 안심시켜 주었어요.

정말 소망이 말대로였어요.
다음 날 눈썹 같은 초승달이 나오더니,
점점 커져 상현달이 되고,
더 커져 보름달이 되었지요.
그렇게 또 2주일이 지났어요.
"우아, 절구호가 보인다!"

바람이 솔솔 부는 아침, 오토가 훈이를 흔들어 깨웠어요.
"훈이야, 빨리 일어나 봐. 이상한 일이 생겼어."
오토는 훈이를 끌고 밖으로 나왔어요.
"이 나뭇잎을 봐. 병이 들었는지
갑자기 빨갛게 변해 버렸어."
"병든 게 아니라 단풍이 든 거야.
여름이 가고 가을이 오려나 봐."
오토가 깜짝 놀라 말했어요.
"계절이 바뀐다고?
지구는 정말 신비하구나."

"그러고 보니 날씨가 쌀쌀해졌네."
훈이는 여름 잠옷을 벗고 긴팔 옷을 꺼내 입었어요.
그러고는 오토와 함께 소망이네 집으로 갔어요.
오늘 소망이네 가족과 바닷가에 가기로 했거든요.

지구의 공전이 계절을 만들어요!

지구는 태양 둘레를 365일에 걸쳐 한 바퀴 돌아요. 이것을 '공전'이라고 해요. 지구의 공전은 계절을 만들고, 밤하늘에 보이는 별자리 위치를 조금씩 달라지게 해요.

계절은 왜 바뀔까?

지구의 자전축이 약 23.5° 기울어져 있다고 했지요? 이렇게 기울어진 채로 공전을 하기 때문에 지구에 태양 빛이 닿는 거리와 태양 빛이 비치는 시간이 달라져 계절이 생겨요.

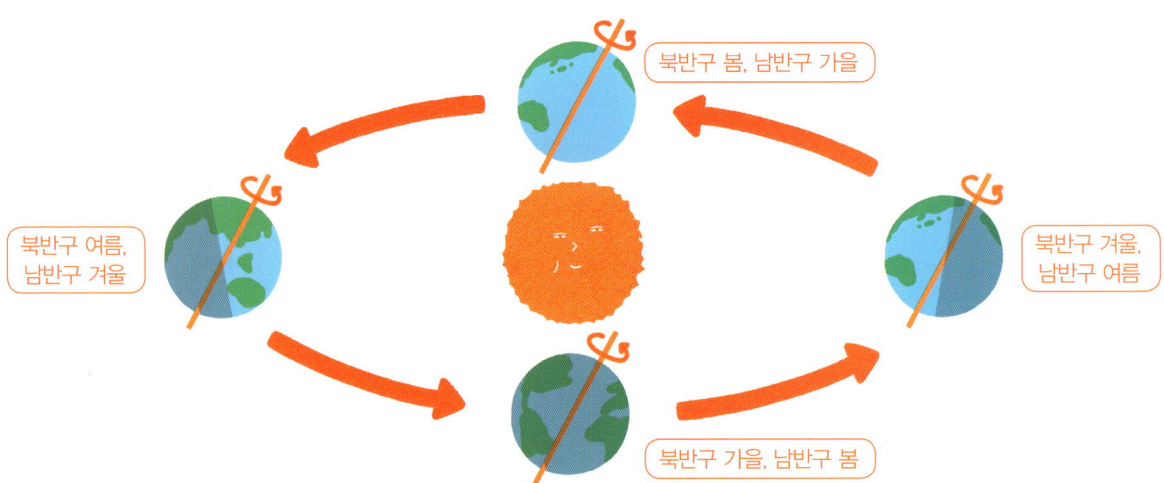

자전축의 북극이 태양을 향해 기울어 있을 때는 북반구가 태양 가까이 있어 빛을 많이 받아요. 이때는 우리나라가 있는 북반구에 여름이 찾아오지요. 반대로 자전축의 남극이 태양을 향해 기울어 있을 때는 남반구가 태양 가까이 있어 빛을 많이 받아요. 이때는 우리나라가 있는 북반구에 겨울이 찾아와요. 지구에서 태양과 가장 가까이 있는 적도 지방에서도 덜 더운 때와 더 더운 때가 있어 미세한 계절 변화를 느낄 수 있어요.

여름에 낮 시간이 길고 겨울에 낮 시간이 짧은 것도 지구의 자전축이 기울어진 채로 공전하고 있기 때문이지요.

지구의 자전축이 중요해!

지구가 기울지 않고 똑바로 서서 태양 둘레를 공전한다면 어떨까요? 자전을 하기 때문에 낮과 밤은 생기겠지만, 계절 변화는 나타나지 않을 거예요. 태양과 지구 사이의 거리가 늘 같기 때문에 추운 곳은 늘 춥고, 더운 곳은 늘 덥기만 할 거랍니다.

계절마다 바뀌는 별자리

밤하늘의 별자리를 바라보면 그 위치가 조금씩 달라지는 것을 알 수 있어요. 이것은 지구가 태양 둘레를 공전하기 때문에 일어나는 현상이에요. 지구의 자전으로 일어나는 별의 일주 운동과는 다른 것이지요.

태양이 지구의 공전 방향과 같은 서쪽에서 동쪽으로 이동하여, 1년 후 원래 위치로 돌아오는 것을 태양의 '연주 운동'이라고 해요. 이때 태양이 지나는 길을 '황도'라고 하며, 그 길에 있는 주요한 12개의 별자리를 '황도 12궁'이라고 하지요.

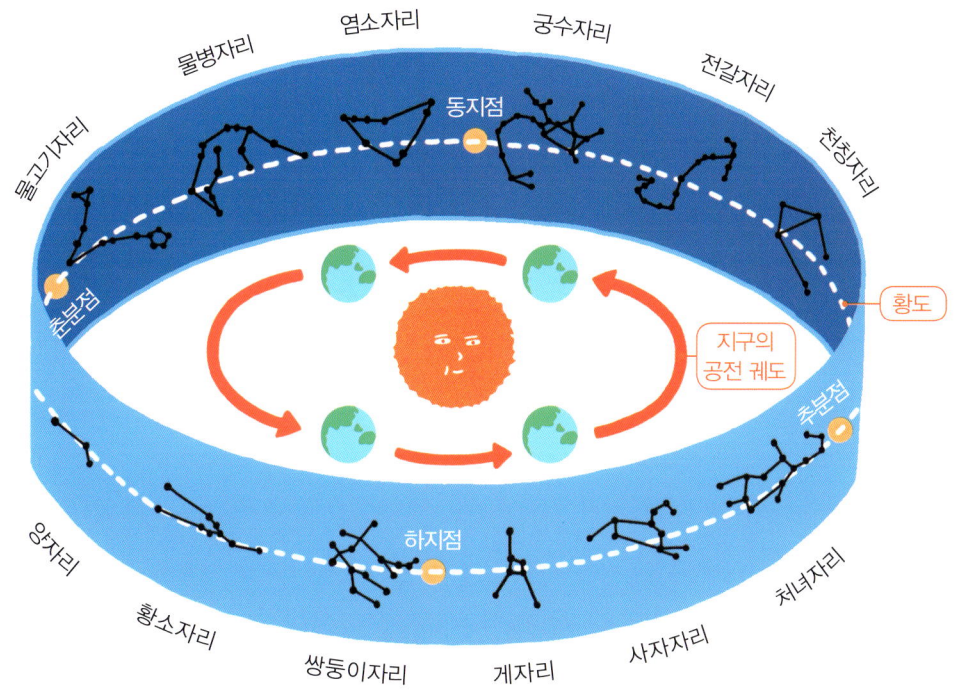

계절에 따라 생활 모습이 달라요

우리나라는 봄, 여름, 가을, 겨울의 사계절이 뚜렷해요. 계절에 따라 환경도, 사람들의 생활 모습도 달라지지요.

봄 겨울잠 자던 동식물이 깨어나요. 나들이 가기 좋은 날씨예요.

여름 얇은 옷을 입고 시원한 음식을 즐겨 먹어요. 동식물이 쑥쑥 자라요.

가을 단풍이 들어 세상이 울긋불긋 변해요. 열매가 탐스럽게 익어 가요.

겨울 두꺼운 옷을 입고 겨울 스포츠를 즐겨요. 동식물은 봄을 기다리며 겨울잠에 들어요.

겨울이 짧아지고 있다고?

우리나라의 여름이 길어지고 있어요. 반대로 겨울은 짧아지고 있지요. 지난 90년 동안 여름은 20일 정도 늘어났고, 겨울은 20일 정도 줄어들었어요. 왜 이런 일이 생겼을까요? 바로 지구 온난화 때문이에요.

지구 온난화는 지구의 기온이 점점 올라가는 현상이에요. 이로 인해 북극의 빙하가 녹으며 바닷물의 높이가 올라가 해안선이 달라지고 섬이 물에 잠기는 등 여러 가지 문제가 생기고 있어요. 북극곰, 펭귄 등 여러 동식물이 삶의 터전을 잃고 멸종 위기에 놓여 있기도 해요.

지구 온난화를 막으려면?

지구 온난화가 일어나는 이유는 무엇일까요? 이산화 탄소, 오존, 메탄, 프레온 가스 등의 온실 가스가 대기 중에 점점 늘어나고 있어서예요. 대기권 밖으로 열이 빠져나가지 못해 기온이 점점 높아지는 것이지요.

석유, 석탄 등 화석 연료의 사용이 많아지면서 온실 가스 배출량도 늘어나 지구 온난화가 심각해지고 있어요.

지구 온난화를 막기 위해서는 온실 가스 배출량을 줄여야 해요. 그러기 위해 우리 모두 에너지를 아껴 쓰고, 자원을 재활용하고, 쓰레기를 줄이는 등 생활 속 실천을 통해 지구 환경을 지켜 나가야 한답니다.

철벅, 철벅, 철벅.
소망이와 훈이, 오토가 갯벌에서 놀고 있어요.
오토는 발이 푹푹 빠지는 갯벌이 참 신기했어요.
"어쩜 이렇게 부드럽고 축축할까?"
"바닷물이 들어왔다 나갔다 하는 곳이거든.
바닷물이 밀려 들어오는 밀물 때에는 갯벌이 물에 잠기고,
바닷물이 밀려 나가는 썰물 때에는
갯벌이 드러나지."

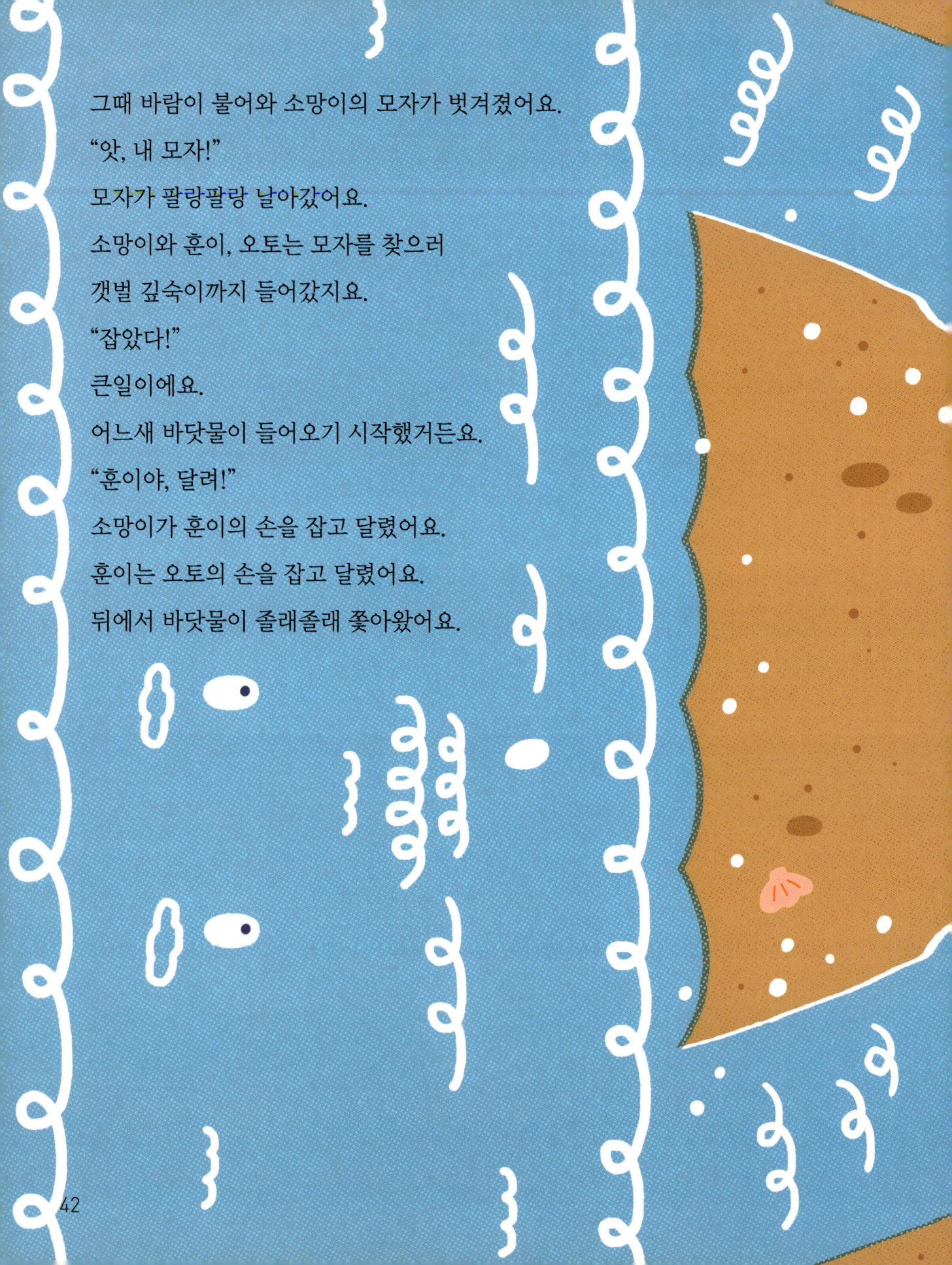

그때 바람이 불어와 소망이의 모자가 벗겨졌어요.
"앗, 내 모자!"
모자가 팔랑팔랑 날아갔어요.
소망이와 훈이, 오토는 모자를 찾으러 갯벌 깊숙이까지 들어갔지요.
"잡았다!"
큰일이에요.
어느새 바닷물이 들어오기 시작했거든요.
"훈이야, 달려!"
소망이가 훈이의 손을 잡고 달렸어요.
훈이는 오토의 손을 잡고 달렸어요.
뒤에서 바닷물이 졸래졸래 쫓아왔어요.

"휴우우."
셋은 겨우 빠져나왔어요.
소망이의 엄마가 허겁지겁 달려왔지요.
"얘들아, 괜찮니?
밀물이 들어와서 놀랐지?"
소망이와 훈이는 휘휘 고개를 저었어요.
"아니요, 재미있었어요!"

돌아오는 차 안이에요.
밤하늘에 보름달이 환하게 떴어요.
오토는 보름달 속 절구호를 하염없이 바라보았어요.
"고장 난 절구호를 고쳐야 하는데,
달까지 어떻게 가지?"

달의 모양이 바뀌어요

달은 여러 가지 모습을 가지고 있어요. 어떤 날에는 쟁반처럼 둥글고, 어떤 날에는 눈썹처럼 가늘지요. 달의 모양이 어떻게 바뀌는지 알아볼까요?

달의 모양은 왜 바뀔까?

달은 지구 둘레를 돌고 있어요. 약 27일 동안 지구 둘레를 한 바퀴 도는 공전을 해 그 위치가 바뀌지요. 그런데 달은 스스로 빛을 내는 천체가 아니에요. 태양 빛을 반사시켜 우리 눈에 보이는 것이지요. 달의 공전에 따라 태양 빛을 받는 부분이 달라지므로 지구에서 보는 달의 모양도 조금씩 달라지는 거예요.

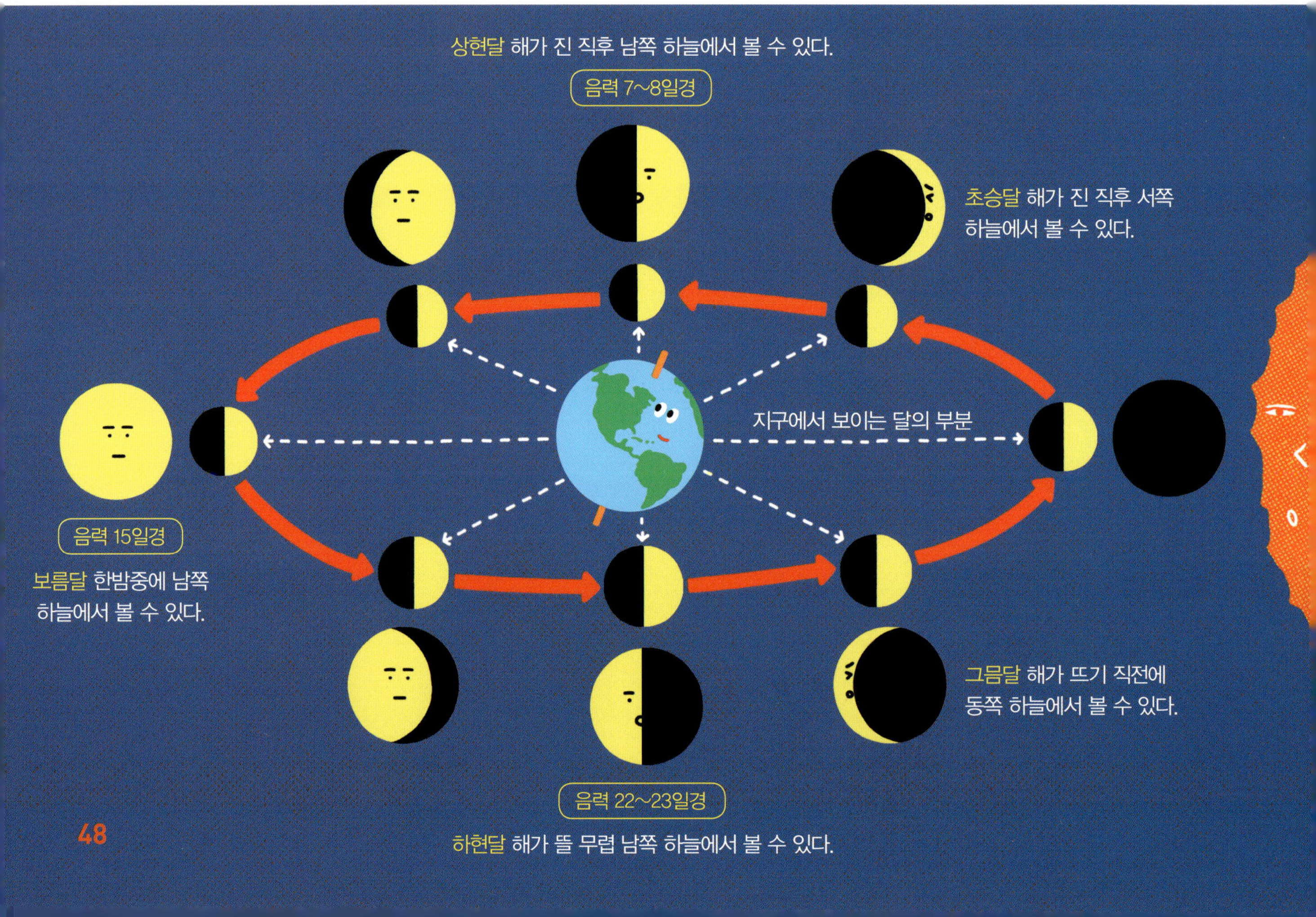

상현달 해가 진 직후 남쪽 하늘에서 볼 수 있다.
음력 7~8일경

초승달 해가 진 직후 서쪽 하늘에서 볼 수 있다.

지구에서 보이는 달의 부분

보름달 한밤중에 남쪽 하늘에서 볼 수 있다.
음력 15일경

그믐달 해가 뜨기 직전에 동쪽 하늘에서 볼 수 있다.

하현달 해가 뜰 무렵 남쪽 하늘에서 볼 수 있다.
음력 22~23일경

달의 모양은 어떻게 변할까?

지구를 기준으로 달과 태양이 같은 방향에 있을 때는 달을 볼 수 없어요. 달의 반대편만 태양 빛을 받기 때문이지요. 그러다가 달의 오른쪽부터 점점 넓어지며 초승달에서 상현달로, 상현달에서 보름달로 변해요. 이것을 '달이 찬다'고 표현해요.

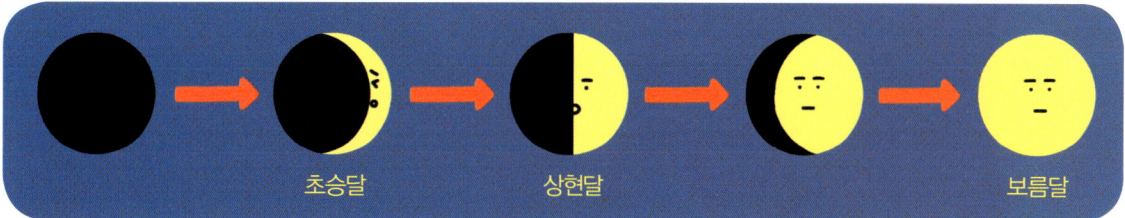

지구를 기준으로 달과 태양이 반대 방향에 있을 때는 보름달을 볼 수 있어요. 꽉 찬 보름달은 점점 작아져 하현달이 되었다가, 그믐달이 되었다가, 마침내 보이지 않게 돼요. 이것을 '달이 기운다'고 표현해요.

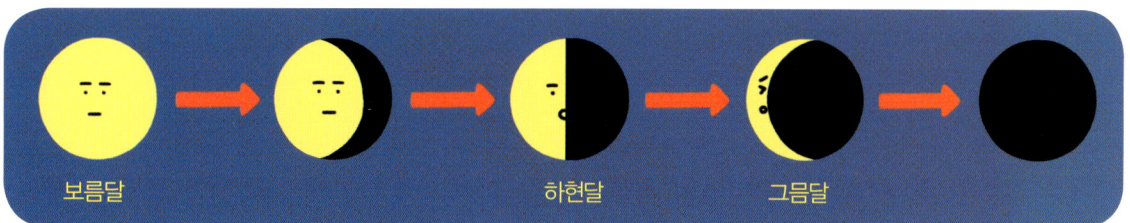

달도 자전을 할까?

달도 제자리에서 빙그르르 도는 자전을 해요. 자전하는 주기와 공전하는 주기가 똑같지요. 한 번 자전할 때 한 번 공전하는 거예요.

달은 자전 주기와 공전 주기가 같기 때문에 늘 한쪽 면만 지구를 향해요. 그래서 지구에서는 달의 뒷면을 볼 수 없어요. 우리가 보는 달 표면의 무늬가 항상 같은 이유는 이 때문이랍니다. 우리 조상들은 이 무늬가 계수나무 밑에서 절구를 찧는 토끼를 닮았다고 생각해 왔어요.

달은 지구에 어떤 영향을 주나요?

달의 모양이 변해 다시 같은 모양이 되기까지 걸리는 기간은 약 29.5일이에요. 그래서 우리 조상들은 달을 보고 날짜를 가늠하고 바닷물의 높이를 예측했지요.

밀물과 썰물

질량이 있는 모든 물체 사이에는 서로 잡아당기는 힘, 만유인력이 작용해요. 태양과 지구 사이에도 만유인력이 있고, 지구와 달 사이에도 만유인력이 있지요. 태양이나 달의 잡아당기는 힘에 의해 바닷물이 높아졌다 낮아졌다 하는 현상을 '조석'이라고 해요. 달은 지구 가까이 있기 때문에 조석 현상에 더 큰 영향을 미쳐요.

달의 만유인력에 의해 달 쪽에 있는 지구의 바닷물의 높이는 높아지고 반대쪽 바닷물의 높이는 낮아져요. 바닷물이 밀려 들어와 높아지는 것을 '밀물'이라 하고, 밀려 나가 낮아지는 것을 '썰물'이라고 하지요.

보름달이 뜨거나 달이 거의 보이지 않을 때는 지구와 태양 그리고 달이 한 줄로 늘어서는데, 이때는 만유인력이 강하게 작용해 밀물과 썰물의 차이가 매우 커요.

바다에서 일하는 사람들은 일의 편리성과 안전을 위해 달의 공전 주기를 기준으로 한 음력을 더 중요하게 여겼답니다.

▲ 달에 가까운 쪽 바다는 달의 중력에 이끌려 바닷물이 솟아오르고, 먼 쪽 바다는 제자리에 있으려는 관성과 달 쪽으로 끌려가는 지구 때문에 부풀어 올라요.

달을 가리는 월식

월식은 보름달일 때 일어나요. 태양, 지구, 달이 순서대로 한 줄로 늘어설 때 지구의 그림자에 달이 들어가며 점점 어두워지지요. 달의 동쪽 가장자리부터 조금씩 가려지는데, 이것은 달이 서쪽에서 동쪽으로 공전하기 때문이에요. 달이 지구 그림자에 전부 가려질 때는 개기 월식, 달이 지구 그림자에 일부만 가려질 때는 부분 월식이 관측돼요. 월식은 흔히 관측할 수 있는 현상이 아니에요. 태양, 지구, 달이 일직선에 놓이는 일은 자주 일어나지 않거든요.

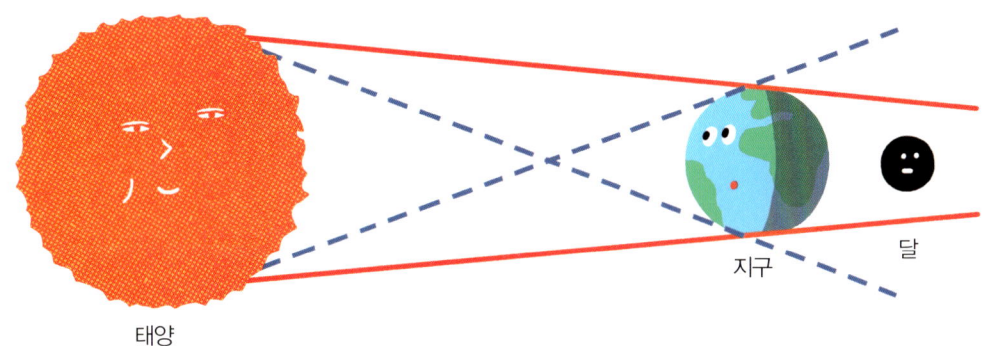

해를 가리는 일식

일식은 달이 태양을 가릴 때 일어나요. 태양, 달, 지구의 순서로 일직선이 될 때, 태양 빛에 의해 달의 그림자가 지구에 생겨요. 이 그림자에 완전히 들어가는 지역에서는 개기 일식이, 주변의 그림자에 들어가는 지역에서는 부분 일식이 관측되지요. 일식은 한정된 지역에서만 볼 수 있는 희귀한 현상이에요.

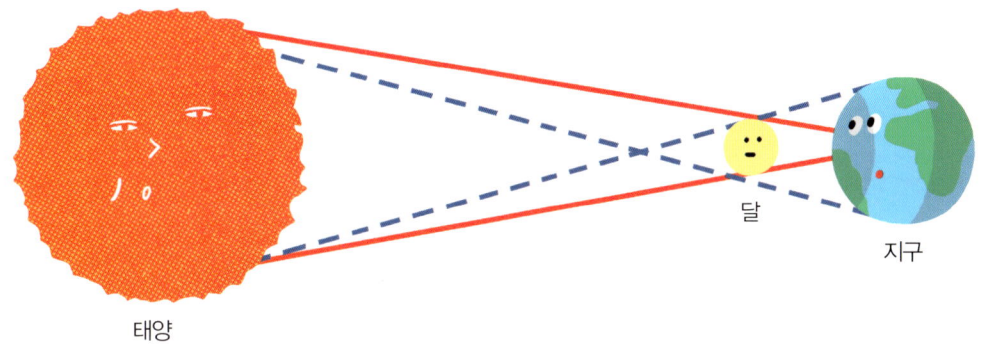

"오토야, 달님에게 소원을 빌어 봐.
지난번에 달님이 내 소원도 들어줬는걸."
소망이의 말에 훈이가 물었어요.
"어떤 소원을 빌었는데?"
소망이의 얼굴이 발개졌어요.
"나는……, 훈이 너랑 친해지고 싶다고 빌었어."
훈이의 얼굴도 발개졌어요.
"나도 친구를 갖게 해 달라고 빌었는데.
그래서 너랑 오토가 나타났나 봐."

셋은 아파트 뒤에 있는 작은 동산에 올랐어요.
오토가 달을 향해 소원을 빌었어요.
"달님, 절구호를 여기로 보내 주세요."
그러곤 얼른 덧붙였어요.
"힘들면 나를 달로 보내 줘도 돼요."
훈이와 소망이도 두 손을 모았어요.
"달님, 오토의 소원을 들어주세요."

그때였어요.
하늘에서 비행접시가 나타났어요.
"달까지 간다고요? 어서 타요!"
훈이와 소망이의 눈이 동그래졌어요.
오토는 활짝 웃으며 망치를 챙겼어요.
"얘들아, 안녕! 지구 여행 무척 즐거웠어."
오토는 씩씩하게 손을 흔들었답니다.

우주로 떠나요!

저 하늘 너머에는 무엇이 있을까요? 우주여행은 오랜 세월 동안 사람들의 꿈이었어요. 과학이 발전하고 로켓이 발명되며 그 꿈은 현실이 되었지요. 우주여행의 과거와 현재를 함께 알아봐요.

최초의 우주 탐사

1922년부터 1991년까지 유럽 동부와 아시아 북부의 여러 나라들은 서로 연합하여 '소비에트 사회주의 공화국 연방(소련)'을 이루었어요. 1945년 제2차 세계 대전이 끝난 뒤 소련과 미국은 편을 갈라 힘겨루기를 시작했지요.

최고의 과학 기술을 자랑하던 소련은 1957년 최초의 인공위성 스푸트니크 1호 발사에 성공했어요. 같은 해 11월에는 '라이카'라는 개를 태운 스푸트니크 2호 발사에 성공했지요. 나아가 1961년에는 최초의 우주인 유리 가가린을 태운 보스토크 1호를 쏘아 올렸어요. 유리 가가린은 이 우주선을 타고 1시간 29분 만에 지구 상공 한 바퀴를 돌았지요.

달을 밟은 최초의 우주인

우주 경쟁에서 소련에게 한참이나 뒤쳐진 미국은 1958년 항공 우주국(NASA)을 세우고 기술 개발에 힘썼어요. 1969년에는 우주인을 태운 아폴로 11호를 달에 착륙시켰어요. 닐 암스트롱이 인류 최초로 달에 발을 디뎠지요. 그는 달에 첫 발자국을 찍으며 이런 말을 남겼어요.

"이것은 한 사람의 작은 발걸음일 뿐이지만, 인류에게는 위대한 도약이 될 것입니다."

우주인이 생활하는 우주 정거장

우주 개발 기술은 점점 발달해 마침내 국제 우주 정거장(International Space Station, ISS)을 만드는 데 이르러요.

우주 정거장은 지구 둘레를 도는 인공위성이면서, 우주인이 오랫동안 머물 수 있도록 설계했지요. 이곳에서 우주를 관측하고 여러 실험을 해요. 또 우주 왕복선을 정비하기도 하지요.

우주 비행사는 어떻게 선발할까?

우주인을 뽑는 기준은 무척 까다로워요. 우주에서 생활하려면 체력이 튼튼해야 하고 정신력도 강해야 해요. 갑자기 어떤 일이 생길지 모르므로 상황을 냉정하게 판단하고 용감하게 결단을 내릴 수 있어야 하지요. 건강 검진과 체력 검사, 심리 검사도 반드시 받아야 해요. 이런 모든 조건을 충족해야 우주인으로 뽑힐 수 있어요. 우주인으로 선정되면 여러 가지 훈련을 받게 된답니다.

우주여행의 시대로

그동안은 나라에서 뽑은 소수의 우주인만 우주여행을 할 수 있었어요. 하지만 최근에는 여러 민간 우주여행 회사에 의해 우주여행 상업화가 이루어지고 있어요. 민간 우주여행 회사에서는 직접 우주선을 개발해 승객을 우주로 보내거나, 국제 우주 정거장에 묵을 수 있도록 하는 계획을 세우고 있답니다. 앞으로는 누구나 원한다면 우주에 갈 수 있겠지요?

우주 개발은 좋은 점만 있을까요?

우주 탐사와 개발은 인류에게 더 넓은 세계로 향할 문을 열어 주었어요. 그렇지만 모든 것이 다 좋아지기만 한 건 아니에요. 가장 큰 문제는 우주 쓰레기예요. 우주 쓰레기가 늘어나며 우주를 오염시키고 있지요.

우주에 생긴 갖가지 쓰레기

우주 쓰레기는 인류가 인공위성을 우주에 쏘아 올린 순간부터 생겨났어요. 우주 쓰레기의 종류는 다양해요. 우주 공간에 내버려진 로켓 잔해, 수명이 다해 더 이상 움직이지 않는 인공위성, 인공위성에서 빠져나간 부품, 우주를 탐사하던 우주인이 잃어버린 도구 등이 우주를 떠다니며 쓰레기가 된답니다.

1957년, 첫 인공위성을 발사한 뒤 인류는 약 5,250개의 로켓을 쏘아 올렸고, 약 7,500개의 인공위성을 띄웠어요. 그러는 가운데 쓰레기는 점점 늘어 엄청난 속도로 우주를 떠돌고 있지요. 이제 우주 쓰레기는 전 세계가 함께 고민해야 할 과제가 되었어요.

우주 쓰레기의 위협

우주 쓰레기는 지구 둘레를 돌고 있어요. 어떤 것은 중력*의 영향을 받아 지구쪽으로 끌려 들어오기도 해요. 그중에는 대기권에서 다 타지 않고 땅까지 내려와 사고를 일으키는

----
*중력 지구 위에 있는 모든 것을 지구 중심으로 끌어당기는 힘을 말해요.

경우도 있지요.

1969년에는 일본 배에 소련 인공위성으로 추정되는 우주 쓰레기가 떨어져 선원 5명이 다치기도 했어요. 1997년에는 한 미국 여성이 로켓 연료 탱크에서 떨어져 나온 조각에 맞아 상처를 입었어요. 2006년에는 러시아의 정찰 위성이 땅으로 떨어지며 270여 명을 태운 비행기와 근접해 아찔한 사고가 벌어질 뻔했지요. 만약 이 위성이 여객기와 그대로 부딪혔다면 엄청난 피해가 발생했을 거예요.

작은 우주 쓰레기가 더 무서워

우리 속담에 '작은 고추가 맵다'는 말이 있지요? 우주 쓰레기도 작은 것이 더 무시무시해요. 너무 작은 우주 쓰레기는 레이더*로 추적이 안 돼 관리가 어렵거든요.

이 작은 쓰레기는 총알보다 빠른 속도로 씽씽 날아다녀요. 지름이 1㎝만 되어도, 200㎏의 물체가 시속 100㎞의 속도로 부딪치는 것과 같은 엄청난 충격을 내지요. 다이너마이트 25개를 터트리는 것과 비슷한 위력이에요.

인공위성이나 우주선이 이런 우주 쓰레기와 부딪힌다면 어떻게 될까요? 상상만 해도 끔찍하지요? 실제로 우주선 컬럼비아호가 폭발한 원인이 우주 쓰레기 때문일 수도 있다고 해요. 우주 쓰레기는 이제 우주 탐사와 개발의 골칫덩이가 되었답니다.

우주 쓰레기를 줄이기 위한 노력

오늘날, 많은 과학자들이 우주 쓰레기를 줄이기 위한 방법을 연구하고 있어요. 인공위성을 발사하는 것보다 우주 쓰레기를 더 늘리지 않는 것이 중요하다는 생각을 하게 된 거예요. 예전에는 우주로 쏘아 올린 인공위성의 수명이 다하면 그냥 내버려 뒀지만 이제는 지구 대기권으로 들어오도록 해 태워 없애는 기술을 활용하고 있답니다.

----
*레이더 전파를 이용해서 물체를 찾아내고 거리를 측정하는 장치예요.

우주 토끼의
뱅뱅 도는
지구 여행

글 오주영 | **그림** 김일경 | **감수** 정관영 | **사진** shutterstock
펴낸날 2018년 2월 12일 초판 1쇄, 2019년 5월 28일 초판 2쇄
펴낸이 김상수 | **기획·편집** 서유진, 조유진 | **디자인** 문정선, 조은영 | **영업·마케팅** 황형석, 김송이
펴낸곳 루크하우스 | **주소** 서울시 성동구 아차산로 143 성수빌딩 208호 | **전화** 02)468-5057~8 | **팩스** 02)468-5051
출판등록 2010년 12월 15일 제2010-59호

www.lukhouse.com
cafe.naver.com/lukhouse

© (주)루크하우스, 오주영, 김일경, 2018
저작권자의 동의 없이 무단 복제 및 전재를 금합니다.

ISBN 979-11-5568-313-2 74400
ISBN 979-11-5568-264-7 (세트)

※ 잘못된 책은 구입처에서 바꾸어 드립니다.
※ 값은 뒤표지에 있습니다.

상상의집은 (주)루크하우스의 아동출판 브랜드입니다.

지은이 **아리스토텔레스** 기원전 384~322년

그리스 북동부 칼키디케 반도 스타게이로스 출생. 별칭으로 '스타게이로스의 사람'으로 불렸다. 마케도니아의 왕 아뮨타스 3세의 시의(侍醫)였던 아버지 니코마코스 덕에 어린 시절 펠라의 궁전에서 수준 높은 교육을 받으면서 성장했다. 17세가 되던 기원전 367년 아테네로 간 그는 플라톤의 아카데미아에 들어가 플라톤이 죽는 기원전 347년경까지 20년 동안 플라톤 문하에서 학문에 정진한다.

플라톤이 죽고 그의 조카 스페우시포스가 아카데미아의 새 원장이 되자 몇몇 동료와 아테네를 떠난 아리스토텔레스는 기원전 342년 마케도니아의 필립포스 왕에게서 그의 아들 알렉산드로스의 교육을 위탁받은 것으로 추정되기도 한다. 알렉산드로스가 아시아 원정을 준비하던 기원전 335년 아테네로 돌아온 그는 아폴론 신전 경내에 뤼케이온이라는 학원을 설립한다. 기원전 323년 알렉산드로스 대왕이 죽고, 아테네에 반마케도니아 기운이 감돌기 시작하자 아리스토텔레스는 아테네를 떠나 어머니의 고향 칼키스로 갔고, 이듬해에 세상을 떠난다.

그의 저술들을 주제별로 정리하면 다음과 같다. 논리학적 저작으로『범주론』,『명제론』,『분석론 전서』,『분석론 후서』,『토피카』,『소피스트적 논박에 대하여』등이, 이론철학적 저작으로『자연학』,『형이상학』,『혼에 대하여』등이, 실천철학적 저술로『니코마코스 윤리학』,『정치학』,『에우데모스 윤리학』,『대도덕학』등이 전해진다. 또한 언어학적 철학 저작인『수사술』과 예술 이론적 저작인『시학』이 전승되었고, 생물학 관련 작품으로『동물 탐구』,『동물의 부분들에 대하여』,『동물의 운동에 대하여』등도 전해진다.

옮긴이·주석 **김재홍**

숭실대학교 철학과 졸업. 동 대학원에서 서양고전 철학 전공. 1994년「아리스토텔레스의 학문방법론에서의 변증술의 역할에 관한 연구」로 철학박사 학위 취득. 캐나다 토론토대학교 '고중세 철학 합동 프로그램'에서 철학 연구(Post-Doc). 가톨릭대학교 인간학연구소 전문연구원, 서울대학교 철학사상연구소 선임연구원 역임. 가톨릭관동대학교 연구교수를 거쳐 전남대학교 사회통합지원센터 부센터장을 지냈으며, 현재 정암학당 연구원으로 있다.

저서『그리스 사유의 기원』,『왕보다 더 자유로운 삶』,『아리스토텔레스 정치학』등. 역서『자기 자신에게 이르는 것들』,『에픽테토스 강의 1·2』,『에픽테토스 강의 3·4, 엥케이리디온, 단편』, 아리스토텔레스의『분석론 후서』,『분석론 전서』,『대도덕학』,『동물의 부분들에 대하여』,『가정경제학』,『관상학』,『정치학』,『토피카』,『소피스트적 논박에 대하여』,『니코마코스 윤리학』등.

ΑΘΗΝΑΙΩΝ ΠΟΛΙΤΕΙΑ
ΑΡΙΣΤΟΤΕΛΟΥΣ

ARISTOTELĒS
ΑΘΗΝΑΙΩΝ
ΠΟΛΙΤΕΙΑ

아테나이인의 정치체제

아리스토텔레스

김재홍
옮김·주석

그린비

고전의 숲 11 — 아리스토텔레스 전집 26
아테나이인의 정치체제

초판1쇄 펴냄 2025년 7월 24일

지은이 아리스토텔레스
옮긴이 · 주석 김재홍
펴낸이 유재건
펴낸곳 (주)그린비출판사
주소 서울시 서대문구 이화여대2길 10, 1층
대표전화 02-702-2717 | **팩스** 02-703-0272
홈페이지 www.greenbee.co.kr
원고투고 및 문의 editor@greenbee.co.kr

편집 이진희, 민승환, 문혜림, 성채현, 김혜미 | **디자인** 심민경, 조예빈
독자사업 류경희 | **경영관리** 장혜숙

저작권법에 의하여 한국 내에서 보호를 받는 저작물이므로 무단전재와 무단복제를 금합니다.
책값은 뒤표지에 있습니다. 잘못 만들어진 책은 구입처에서 바꿔 드립니다.
ISBN 979-11-94513-17-9 93190

독자의 학문사변행學問思辨行을 돕는 든든한 가이드 _(주)그린비출판사

일러두기

1. 이 책은 아리스토텔레스의 이름으로 전해지는 『아테나이인의 정치체제』를 번역하여 주석을 단 것이다. 이 번역의 대본으로 사용한 것은 다음의 책이다.

Chambers, M. H.(1986/1994), *Aristoteles*, *AθHNAIΩN ΠΟΛITEIA*, 2nd ed., Stuttgart/Leipzig (Bibliotheca Teubneriana).

2. 번역에 다른 교정 텍스트도 참조했는데, 대본과 다른 읽기를 채택했을 때는 옮긴이 주를 통해 설명을 붙였다. 또한 대본 이전에 오랫동안 표준 텍스트로 이용되었던 케니언(Kenyon)의 옥스퍼드 고전 총서 판본도 참조했는데, 장과 절의 구분은 대본을 따랐다. 대본 이외에 가장 중요한 원전 텍스트는 다음의 책들이다.

Kenyon, F. G.(1891), *Aristotle on the Constitution of Athens*, Clarendon Press, Oxford.
Kenyon, F. G.(1920), *Aristotelis Atheniensium respublica*, Oxford(Oxford Classical Texts).
Rhodes, P. J.(2017), *The Athenian Constitution, Written in the school of ARISTOTLE*, Liverpool University Press.

3. 각주에서 참조하는 문헌 및 약칭

Chambers, Staat = Chambers, M. H.(1990), *Aristoteles, Staat der Athener*, Berlin.
Davies, APF = Davies, J. K.(1971), *Athenian propertied families 600~300 B.C.*, Oxford.
Develin, AOF = Develin, R.(1989), *Athenian officials 684~321 B.C.*, Cambridge.
FGrH = Jacoby, F.(1923), *Die Fragmente der griechischen Historiker*, Leiden.
Hansen, ADD = Hansen, M. H.(1999), *The Athenian democracy in the age of Demosthenes: structure, principles, and ideology*, trans. J. A. Crook, 2nd ed., Norman.
GAD = Gomme, A. W., Andrewes, A., Dover, K. J.(1945~1981), *A historical commentary on Thucydides* I~V, Oxford.
IG = Inscriptiones Graecae.
Jacoby, Atthis = Jacoby, F.(1949), *Atthis: the local chronicles of ancient Athens*, Oxford.
ML = Meiggs, R., Lewis, D.(1969), *A selection of Greek historical inscriptions to the end of the fifth century B.C.*, Oxford.
Rhodes, Comm. = Rhodes, P. J.(1981/1993), *A commentary on the Aristotelian Athenaion Politeia*, Oxford.
SEG = Supplementum epigraphicum Graecum.

4. 다음의 기호를 사용해 텍스트를 보충했다.

*** 원문에 추정 곤란한 탈문이 있는 대목.
〈 〉어구를 보충할 수 없는 파손, 탈루된 글자, 탈문.
[ ] 독자의 이해를 위해 옮긴이가 보충한 어구.
( ) 원래 사본의 본문에 있는 주석을 나타내는 문장.

5. ē와 ō는 헬라스어 장모음 에타(eta)와 오메가(omega)를 표시한다. x는 ch로, υ는 u로 표기하고, 헬라스어의 우리말 표기는 원음에 가깝게 표기하고, υ는 일관적으로 '위'로 읽어서 Phuthagoras는 퓌타고라스로, Aiguptos는 아이귑토스(이집트)로 표기했다. 본문에서 후대의 이오타시즘(iōtakismos)은 따르지 않았다. 또 드러내 표기하지 않았다.

6. 헬라스어 원전에 충실해서 옮기되, 우리말로 매끄럽지 않을 경우에 어느 정도는 의역을 가했다. 가능한 한 맥락이 연결될 수 있도록 옮긴이의 해석에 맞춰 옮기려고 노력했다.

『정치학』은 『아테나이인의 정치체제』에 의존하는가?

정치학과 윤리학의 연결고리

아리스토텔레스의 『정치학』 번역본(그린비, 2023) 마지막 주석에 나는 이런 말을 남겼다.

> 뭔가 명확히 매듭지어지고 있지 않다. 이어지는 논의는 무엇일까? 아리스토텔레스는 다시 어떤 주장을 덧붙이고 싶었을까? 영원한 숙제다. 어딘가에 남아 있을지도 모르는 그 어떤 텍스트가 발견되지 않는 한!

'그 어떤 텍스트가 발견'되는 그런 일이 일어날 수 있을까? 하지만 그런 일이 역사상으로 일어났다. 그 텍스트가 발견된 것. 그 텍스트가 바로 이 책 『아테나이인의 정치체제』다. 이에 관련된 이야기는 잠시 뒤로 미루고, 아리스토텔레스의 '정치학'과 '윤리학'에 대한 학문적 프로그램에 대한 이야기부터 해 보기로 하자.

『니코마코스 윤리학』 논의의 대단원을 마치는 가운데(제10권 제9장

1181b15~24) 아리스토텔레스는 '정치학' 프로그램을 예고한다. '다양한 법과 정치체제에 대한 자료 수집'(tōn nomōn kai tōn politeiōn hai sunagōgai), 즉 '정치체제의 집성'에 근거해 정치학의 과제에 대한 연구를 실행할 것이라고 말한 것이다. 여기서 말하는 '정치체제의 자료 집성'(politeia)은 3세기경의 인물 디오게네스 라에르티오스의 『유명한 철학자들의 생애와 사상』 제5권 제27절에 나오는 143개의 아리스토텔레스 저작 목록 중 『158개 도시(국가)의 정치체제: 민주정, 과두정, 귀족정 및 참주정』을 말하는 것으로 이해된다. 이런 언급을 통해 우리는 고대로부터 이 작품이 아리스토텔레스의 저작 중 하나로 간주되어 왔음을 알 수 있다. '아테나이인의 정치체제'를 위시한 158개 정치체제의 집성집이야말로 본격적으로 학문적 입장에서 정치체제를 다룬 '정치체제론'이라고 말할 수 있는데, 고대에 이런 종류의 저작은 아주 드물다.

아리스토텔레스는 '입법학'에 대한 적절한 접근 방법으로 '정치학'을 다루는 순서에 대하여 논하고 있다. 물론 이 대목을 후세의 삽입이 아니라, 아리스토텔레스 자신의 말이라고 받아들인다는 전제 위에서 하는 말이다. 이 말미의 구절은 윤리학에서 『정치학』으로 가는 가교가 되는 대목으로 여겨지고 있으며, 이 때문에 편집자에 따라서는 누군가의 삽입으로 보고 삭제 기호를 부착하기도 한다. 그 대목의 논의는 이렇다.

이처럼 우리의 선행자들은 입법에 관한 문제를 탐구하지 않은 채로 남겨 놓았기 때문에, 오히려 우리들 자신이 이 입법에 대해, 또 정치체제에 대해 전체적으로 고찰하는 것이, 아마도 보다 바람직한 일이며, 이것으로 가능한 한 '인간에 관련된 것에 대한 철학'이 완성될 것이다.
그래서 (1) 먼저 우리에 선행하는 자들이 말한 견해가 무엇인지, 세부적으로 적절한지를 살펴보고, (2) 그다음으로 기록 수집된 여러 국가의 정치 제도들에 비추어 보면서 어떤 조건이 그들 폴리스를 보전하고 또 무너뜨릴 것인가, 또 어떤 원인에 의해 그 폴리스는 적절히 통치되고, 또 그 반대 방법의 통치가 이루어지는 것인가라는 점을 고찰하도록 시도해 보자. 왜냐하면 이런 고찰이 다 이루어진다면, 우리는 아마도 (3) 어떤 종류의 정치 제도가 최선인지, 또 (4) 각각의 정치 제도가 어떻게 편성되면 최선인지, 또 이를 위해서는 어떤 법률과 관습들이 채택되어야 하는지, 이러한 사항들을 보다 포괄적으로 살펴볼 수 있을 것이다. 그러면 다음과 같이 논의를 시작해 보기로 하자.

(1)은 『정치학』 제2권의 주제다. (2)는 『정치학』 제3~6권의 고찰 대상이다. "기록 수집된 여러 국가의 정치 제도들"을 플라톤의 『법률』이라고 생각한다면 (1)과 (2)는 그러한 입법을 둘러싼 선행 연구라고 생각할 수 있을 것이다. 그러나 적어도 실증적인 연구라는 점에서, 아마도 아리스토텔레스에게는 그 분야가 미개척 분야라고 판단되고 있었던 것으로 보인다. 이것이 바로 아리스토텔레스의 지도 아래 편찬된 '158개의 헬라스 정치 제도들'에 관한 서술을 말하는 것으로 보인다. 물론 이 가운데 '아테나이에 관한 정치체제'만이 현재 남아 있다. (3)과 (4)는 『정치학』 제7~8권에서의 '최선의 정치체제'에 대한 논의일 것이다 ─ 이에 대한 더 자세한 논의는 『정치학』(김재홍 옮김·주석, 그린비, 2023)의 '정치학 프로그램에 대한 논의: 『니코마코스 윤리학』 제10권 제9장'(924~937쪽)을 참조하기 바란다.

대영 도서관에 소장되어 있는 아리스토텔레스의 『아테나이인의 정치체제』(P. Lond. 131).

런던 사본의 발견에 대하여

『아테나이인의 정치체제』(*Athēnaiōn Politeia*)라는 제목의 작은 작품이 고대 헬라스 역사 연구에 미친 영향은 매우 크다. 19세기 말에 그 사본이 발견된 것을 기점으로 해서 아테나이 역사뿐 아니라 헬라스 정치체제 전반의 연구가 크게 변모했다는 것을 부인할 수 없을 것이다. 특히 아테나이 민주정의 성립과 그 제도 운용의 실제를 극명하게 기록한 이 책은 다른 사료로부터 얻을 수 없는 귀중한 자료를 제공한다. 역사적 사실에 대한 서술 가운데 어떤 문제점을 가지고 있기는 하지만, 이 책이 고대 헬라스 역사를 연구하는 데에 필수적인 사료라는 점은 그 누구도 부인하지 못할 것이다.

잘 알려져 있다시피, 이 책은 오늘날 표준적으로 인용하는 벡커(Bekker)가 편집한 아리스토텔레스 전집(*Corpus Aristotelicum*)에는 수록되어 있지 않다. 수사가 키케로, 역사가 플루타르코스, 사전 편찬가 하르포크라티온과 폴룩스, 비잔틴의 문인 포티오스 등 여러 저술가에 의해 언급되고 인용되어 왔음에도, 대략 6세기부터 9세기에 이르는 혼란기에 텍스트가 여기저기로 흩어지게 된 이후 근대까지 겨우 '단편'의 형태로만 그 내용이 알려져 있었기 때문이다. 이 책이 이러한 제목으로 불리고 있었던 것은 하르포크라티온 등에 의한 인용으로부터 확인해 볼 수 있을 뿐이다(「단편」 2 참조).

야코비(F. Jacoby)에 따르면 고대의 정치체제론(politeia)에는 세 종류가 있다. 그 하나는 체제 비판이나 정치 개혁의 선전을 목적으로 쓰인 정치적 정치체제론이며, 다른 하나는 이상국가를 논한 철학적 정치체제이론으로 플라톤의 『국가』나 아리스토텔레스의 『정치학』을 들 수 있다. 그리고 마지막이 기존의 정치체제를 객관적으로 분석하고 서술한 학문적 정치체제론이다. 그러한 구체적이고 현실적인 경험의 바탕 위에서 쓰인 책이 바로 이 책이라고 할 수 있다(*Atthis*, pp. 211~212).

이들 158개의 정치체제를 논한 작품은 그 후 이 책을 비롯하여 여러 곳으로 파편적으로 흩어져 버렸다. 그럼에도 고대의 저작 여기저기에 많은 인용으로 남았으며, 그중 68개국의 223편에 달하는 인용 단편은 로제(V. Rose)가 편찬한 『아리스토텔레스 저작 단편집』에 수록되어 있다. 그 가운데 이 책으로부터 인용한 것으로 여겨지는 「단편」은 91편에 이르지만, 19세기 말까지만 해도 고대 문헌 학자들은, 이러한 몇 개의 「단편」에 의지해서 이 책의 전체 모습을 추정할 수밖에 없었다.

그러던 중 1879년에 이르러 이집트 파이윰(Fayum)에서 발견된 파피루스가 베를린 국립이집트박물관에 의해 취득되고, 다음 해에 공표된 사본이 『아테나이인의 정치체제』의 일부임을 밝혔던 사람이 베르크(T. Bergk)였다. 하지만 이 베를린 파피루스(P. Berol. 5009)는 불과 두 장으로 앞뒷면에 쓰인 것이 전부여서, 책의 전체 모습을 보여 주기에는 너무 단편적이었다.

그런데 불과 몇 년이 지나지 않아 놀라운 일이 일어났다. 1891년 1월 19일자 영국 일간 신문 『타임스』는 최근 대영박물관이 이집트에서 입수한 파피루스에서 아리스토텔레스의 『아테나이인의 정치체제』 사본이 발견되었다고 보도했다. '런던 파피루스'라고 불리는 이 사본(P. Lond. 131)의 발견으로 단편으로만 알 수 있었던 이 책의 텍스트가 놀랍게도 대부분 온전한 모습으로 천사백 년이란 시간을 건너뛰어 우리 눈앞에 나타나게 된 것이다.

세계를 경탄케 한 런던 파피루스의 발견 경위에 대해서는 아직도 불명료한 점이 많다. 대영박물관 유물 수집 대리인인 버지(E. A. W. T. Budge)가 1889년 4월에 이집트의 포트 사이드(Port Said)에서 입수한 것까지는 드러났지만, 그 이상의 것에 대한 그의 증언은 모호하고 부정확하다. 출토지에 대해서도 여러 설이 있지만, 오늘날의 연구에 따르면 이 파피루스는 나일강 서안의 마을 크움(Khmum, 고대 헤르모폴리스) 부근에 있는 무덤에서 현지인에 의해 발굴되었고, 이를 미국인 선교사 알렉산더(J. R. Alexander)가 구매하고, 이를 다시 옥스퍼드대학교 아시리아학 교수 세이스(A. H. Sayce)가 중개하여 버지에게 인도한 것으로 추정되고 있다. 대영박물관은 이 파피루스 6권을 600파운드에 구입했고, 이듬해인 1890년 1월 당시 대영박물관 필사부의 조수였던 젊은 파피루스학자인 케니언(F. G. Kenyon, Sir Frederic)이 처음으로 해독에 착수했고, 그 속에 포함되어 있던 것이 그동안 사라졌던 『아테나이인의 정치체제』의 사본임을 발견한 것이다.

그 후 얼마 되지 않아, 1891년 1월 30일에는 케니언이 교정한 『아테나이인의 정치체제』 초판이 간행되었다. 같은 해 3월에는 스콧(E. J. L. Scott)의 편집에 의한 판본도 간행되었다. 나중에 현지 판매인의 호주머니에서 발견되었다는 '단편'마저 그것에 더해져, 케니언에 의한 교정본은 판을 거듭해 갔다. 불과 1년 사이에 거의 정확한 교정 텍스트와 주석을 함께 간행한 케니언의 업적은 너무도 크다고 할 수 있다.

런던 파피루스 가운데 『아테나이인의 정치체제』의 텍스트는 두루마리 형태의 4권으로 각 권의 뒷면에 전체 36란(欄)에 걸쳐 '뒤집어 다른 문서로 사용된' 헌 문서, 즉 이면지에 필사된 문서이다. 표면에는 베스파

시아누스 황제의 10년부터 11년, 즉 77년부터 79년까지의 어느 영지의 회계문서가 기록되어 있기에, 이를 통해 뒷면의 필사 연대도 100년 전후로 추정하고 있다. 파피루스 섬유가 세로가 되는 뒷면에 가로로 쓰인 것은 일부 글자가 세로로 깨져서 판독이 어려운 원인이 되었다.

이 런던 사본에는 네 사람의 필적이 남아 있는 것으로 보이며, 그중 두 번째 필경사가 꼼꼼한 서체로 '둥근 대문자체'를 쓰고 있는 것 외에는 모두가 연속체로 된 반필기체를 사용하고 있다. 네 번째 필경사는 가장 문해(文解) 능력이 뛰어나며, 전체를 맥락에 맞추어 끝이 뾰족한 깃펜을 사용하여 다른 필경사의 오기(誤記)를 정정하고 있다. 그런데 가장 오기가 많은 것은 아이러니하게도 꼼꼼한 두 번째 필경사로, 철자 오류를 비롯한 초보적인 실수가 눈에 띈다. 아마도 그의 작업 속도가 너무 느려서 제20란 중간부터 세 번째 필경사로 교체된 모양이다.

사본 첫머리는 제1권 왼쪽 끝에 한 칸 분량의 여백을 비운 뒤 문장 중간부터 시작하고 있어 이미 필사 원본 자체도 첫머리가 누락되었음을 알 수 있다. 그럼에도 훼손된 부분은 전체 분량으로 보면 극히 일부에 지나지 않는다. 제4권의 후반부는 사본의 훼손이 심하며, 특히 인민재판소에 대한 서술이 이루어지는 제67~68장에서 파손이 가장 심각하다. 한편, 전체 저작의 말미인 제36란 왼쪽 아래 여백에는 세 번째 필경사에 의해 우아한 장식 기호가 그려져 있는데, 이것이 이 책 전체의 끝을 나타낸다고 생각된다. 누가 필사를 의뢰했는지는 알 수 없다. 다만 당시 헤르모폴리스가 헬레니즘 문화의 영향이 컸던 도시이므로, 여기서 이 책의 사본이 만들어진 사정을 쉽게 상상할 수 있게 한다.

문체상의 몇 가지 특징

이 책은 전반부와 후반부로, 2부의 구성을 취하고 있다. 전반부는 고대로부터 기원전 403년까지 '아테나이 정치체제'의 경과와 흐름을 서술하고 있고, 제42장부터 시작되는 후반부는 저자의 생애와 동시대인 기원전 4세기 말의 아테나이 민주정의 구조와 작동 체계를 가능한 한 객관적인 시각으로 살피면서 기술하고 있다.

전체적으로 이 책에 쓰인 헬라스어는 평이하고 읽기 쉽지만, 단조롭고 변화가 거의 없다. 후반부에서 특히 두드러진 문체의 특징은, 문장상의 첫머리에서 사용한 어구나 주제를 끄트머리에서 다시 반복하는 기법인 순환 구조(Ring Composition)를 채택한다는 점이다. '…에 대해서는 아래와 같다'라고 하는 도입부와 '…에 대해서는 이상과 같다'라고 하는 결어부가 짝을 이루어, 그 논의 가운데 하나가 다른 것에 포섭되는 복잡한 삽입형 구조를 갖고 있다. 이를테면, A, B, (C), (C1), (B1), (A1)의 식이다.

어떤 결어부가 다음의 화제를 시작하기 위한 도입부와 짝이 되어 '…에 대해서는 이상과 같으나, 다른 쪽에 대해서는 다음과 같다'라는 문장이 'men oun-de-'라는 구문으로 불변화사의 조합을 사용하는 경우가 많다. 키아니(Keaney, 1992: 72~89)는 이 순환 구조가 이 책의 후반부뿐만 아니라 전체에 걸쳐 사용되고 있다고 주장하지만, 후반부는 차치하고 전반부에서조차 문장의 순환 구조를 분명하게 읽어 내기란 그다지 쉽지 않다.

전체적으로 볼 때, 군데군데 문장상의 결함이나 논리의 결함, 설명의 부족이 여럿 드러나고 있다. 예를 들어 제5장 (3)에서 이 책의 저자는 솔론의 시를 인용하여 그의 사회적 지위를 증명하려 하지만, 오히려 그 인용된 시의 내용이 논지에 어긋나서 논증에는 실패하고 만다. 또 독자들